AF346369

LES
DEUX RENAISSANCES

DITHYRAMBE

A S. M. VICTOR-EMMANUEL

Roi d'Italie

PAR M. FLORIMOND LEVOL

> . . . . honneur à vous, Poëtes,
> Semeurs de la pensée au sein des nations !
> ANDRAUD.

PARIS

IMPRIMERIE DE AD. R. LAINÉ ET J. HAVARD
RUE JACOB, 56

—

1861

A S. M. VICTOR-EMMANUEL

ROI D'ITALIE

On n'a jamais fondé d'empire dans ce monde,
    Sans trouver de contradicteurs ;
Mais le flot qui murmure et l'orage qui gronde
    N'arrêtent point les fondateurs.
    Contre vous, l'Église abusée,
Grand Roi, méconnaissant votre noble pensée,
D'anathèmes pieux fulmine en vain l'affront ;
Les peuples, dont l'Autriche a quitté le rivage,
Secouant, grâce à vous, des siècles d'esclavage,
    A vos ennemis répondront.

Toutes les nations ont la même origine ;
Pour le salut commun, même loi les domine,
Au moment de poser leur premier fondement.
Un jour, quand l'Italie aura, libre et prospère,
Dans sa forte unité, le bonheur qu'elle espère,
Il ne lui restera qu'un seul étonnement :
C'est que tant de valeur, de talent, de génie,
    Tant d'exploits, traités de forfaits,
    N'aient pu vaincre la calomnie,
    Qu'après des siècles de bienfaits !

Pour l'Italie, ému, jusqu'au fond des entrailles,
    De maux qui s'accroissaient toujours,
    Vous avez, au sein des batailles,
Joué votre couronne et prodigué vos jours ;

Sire, à vous donc ces vers, à vous ce pur hommage
Où votre souvenir, riche d'un tel passé,
    Brille, à côté d'une autre image,
Sans que, par son éclat, il en soit effacé !
A vous, de quelque nom que le siècle vous nomme,
    Ces vers, encor chauds du combat ;
    Ces vers au Prince galant homme,
    Ces vers à vous, le Roi soldat !

Paris, 20 mars 1861.

LES

DEUX RENAISSANCES

DE L'ITALIE

Que de faisceaux brisés, de trônes abattus
    Le Tibre a roulés dans son onde!
Après l'avoir rempli du bruit de ses vertus,
Rome, de ses forfaits, a fatigué le monde!

Tes crimes, à la fin, devaient être expiés,
O ville des Césars!... Vengeant leur esclavage,
Les peuples sont venus, dans leur fureur sauvage,
Te frapper tour à tour et fouler à leurs pieds
Les restes mutilés de tes vains édifices,
Qui ne leur rappelaient que ton joug odieux,
Les féroces plaisirs dont tu fis tes délices,
    Les tyrans dont tu fis tes dieux.

Mais qui vient la tirer de cette nuit profonde,
        Et, la montrant plus belle à nos regards,
        Lui donne encore et l'empire du monde,
                Et le sceptre des arts?

Le sang des nations est la source féconde
Où la première Rome a puisé sa grandeur;
C'est au sang des martyrs d'enfanter la seconde,
Pour nous faire adorer sa nouvelle splendeur.

Aux lieux même où les cris d'une implacable joie
Insultaient aux douleurs des chrétiens expirants,
Où l'on battait des mains aux lions dévorants,
Aux tigres affamés qui déchiraient leur proie,
Le culte des proscrits, chassant des dieux pervers,
        Ouvre les cœurs à la clémence,
Et Rome, où de leur sang a germé la semence,
        Va, de nouveau, régner sur l'univers.

Comme si le sommeil l'eût surprise la veille,
Après quinze cents ans, je la vois qui s'éveille,
        Prête à verser, sur les humains,
Tous les dons que le ciel a remis en ses mains;
Mondaine tour à tour et pieuse en ses fêtes,
Elle fait retentir les chants des saints prophètes,
Sous le plus riche dôme et le plus spacieux
D'où jamais la prière ait monté jusqu'aux cieux.

C'est là que Michel-Ange, en sa magnificence,
        Et, dans sa grâce, Raphaël,
        Inaugurant la Renaissance,
Répandent sur leur siècle un éclat immortel.
Princes, hommes d'État, artistes et poëtes
Rendent, en rappelant la gloire dans ces lieux,
La vie aux monuments, l'âme aux tombes muettes,
Le plaisir aux mortels et la parole aux dieux !

        Le monde a changé de croyance,
Mœurs, beaux-arts, tout renaît ; et pourtant, ô douleur !
        Une indestructible alliance
Semble enchaîner encor le génie au malheur.
        Pour lui, que tant d'œuvres sublimes,
Guelfes et Gibelins, trouvent grâce en vos cœurs !
Epargnez à vos fils des regrets légitimes ;
Soulevant l'univers contre leurs oppresseurs,
Ces grands hommes, qui sont maintenant vos victimes,
        Seront un jour leurs défenseurs.

Mais que font la misère et les pleurs du génie
Au peuple qui lui doit ses titres les plus beaux !
        Il couvre de fleurs l'agonie,
        Et s'acquitte avec des tombeaux.

Le Dante, qui, plus tard, deviendra son idole,
Voit partout l'infortune attachée à ses pas :

Il meurt proscrit!... et c'est glacé par le trépas
Que la foule conduit le Tasse au Capitole.

Mais opposons leur gloire aux maux qu'ils ont soufferts,
Cette gloire apparaît dans toute sa puissance ;
Elle enfante, elle inspire une autre renaissance
Du peuple qui s'apprête à secouer ses fers ;

C'est elle qui soutient une cause chérie,
Et va de l'étranger briser le joug d'airain,
Tandis qu'une voix sainte, accusant la patrie,
Tonne pour un lambeau du pouvoir souverain.

La gloire est, de nos jours, diversement comprise :
Des princes sont déchus qui pouvaient être aimés ;
Leur place était au sein des peuples opprimés....
Cette place, le Dante et le Tasse l'ont prise.

Devant leurs noms sacrés inclinant ses drapeaux,
    Et saluant leurs ombres de son glaive,
Pour vaincre à ses côtés, la France, leur élève,
Les a vus s'arracher à l'éternel repos...

Plus justes et bientôt plus grands que vos ancêtres,
Sachez, Italiens, reconquérir vos droits,

Et, d'un sol usurpé redevenus les maîtres,
Emerveiller le monde une seconde fois.

Dans leur fraternelle alliance,
Deux monarques amis, sans peur de déroger,
Avec vos morts fameux accourent partager
L'honneur de votre délivrance.
Tout Français y veut prendre part;
Unanime en ses vœux, la nation entière,
Des mains, du cœur et du regard,
De Paris jusqu'à la frontière,
A, de son Empereur, salué le départ.

Les combats de géants dont se vantaient nos pères,
Qui jadis les montraient du monde triomphants,
Portant de meilleurs fruits en des jours plus prospères,
Sont surpassés par leurs enfants!
Vieux guerriers d'Austerlitz, ils sont à votre taille
Tous ces jeunes soldats qu'admire l'univers;
Vos yeux ne virent point, de tant de morts couverts,
De si vastes champs de bataille.

Si la guerre jamais n'a coûté plus de sang,
Jamais elle ne fut en bienfaits plus féconde;
Elle ne détruit pas, cette fois, elle fonde,
Et ressuscite un peuple en le réunissant.

Solférino dissipe ses alarmes,
Rappelle en son sein les proscrits,
Lui rend l'indépendance et sèche enfin ses larmes.
Vous, ses Libérateurs, de tant de beaux faits d'armes,
Au sein de nos cités, venez chercher le prix...
Venez le recevoir de cette foule ardente,
Qui, les regards tournés vers le berceau du Dante,
Fit à votre départ éclater tant d'amour,
Et des mêmes transports fête votre retour !

C'est grâce à vous que l'Italie,
Sous un roi de son choix oubliant tous ses maux,
Va renaître puissante, honorée, embellie,
Grande par ses talents, libre par ses héros !

Paris. — Typographie de Firmin Didot frères, fils et Cᵉ. rue Jacob, 56.